curiosidad por

POKÉMON

POR RACHEL GRACK

¿Qué te causa

curiosidad?

CAPÍTULO TRES

Apuesto a que no sabías ...

PÁGINA 16

Curiosidad por es una publicación de Amicus
P.O. Box 227, Mankato, MN 56002
www.amicuspublishing.us

Editora: Alissa Thielges
Diseñadora: Kathleen Petelinsek
Investigación fotográfica: Omay Ayres

Información del catálogo de publicaciones de la biblioteca del congreso
Names: Koestler-Grack, Rachel A., 1973- author.
Title: Curiosidad por Pokémon / por Rachel Grack.
Other titles: Curious about Pokémon. Spanish
Description: Mankato, MN: Amicus, [2024] | Series: Curiosidad por las marcas favoritas | Includes index. | Audience: Ages 6–9 | Audience: Grades 2–3 | Summary: "Kid-friendly questions give elementary readers an inside look at Pokémon to spark their curiosity about the brand's history, games, and cultural impact. Translated into North American Spanish"—Provided by publisher.
Identifiers: LCCN 2022048080 (print) | LCCN 2022048081 (ebook) | ISBN 9781645495956 (library binding) | ISBN 9781681529622 (paperback) | ISBN 9781645496250 (ebook)
Subjects: LCSH: Pokémon (Game)—Juvenile literature. | Video games—Juvenile literature.
Classification: LCC GV1469.35.P63 K6418 2024 (print) | LCC GV1469.35.P63 (ebook) | DDC 794.8—dc23/eng/20221006
LC record available at https://lccn.loc.gov/2022048080
LC ebook record available at https://lccn.loc.gov/2022048081

Créditos de las imágenes © Alamy/Album 17, cartoonpub 20; Dreamstime/Aksitaykut 11 (Onyx, Charizard), 14 (insets), 22, 23, Aykut2607 4 (characters), Lim Seng Kui 6, Mariayunira 11 (Pikachu), Matthew Corley 10 (hand and phone); Shutterstock/Bruno Ismael Silva Alves 8, 12–13, Colin Temple 5, COO7 18–19, enchanted_fairy 16, Hannari_eli 11, 14 (bkgd), 15, Hethers 18 (card), I and J Photography 6–7, Nicescene cover, 1, Mirko Kuzmanovic 21, QinJin 10 (bkgd), RG-vc 4 (cartridges), Simbert Brause 9

Impreso en China

CAPÍTULO UNO

¿Quién inventó Pokémon?

Game Freak. Es una compañía de videojuegos. Satoshi Tajiri es su dueño. De niño, buscaba insectos y renacuajos en los bosques de Japón. Sus aventuras se convirtieron en los juegos de Pokémon. En lugar de insectos, los jugadores atrapan criaturas. Las entrenan para combatir unas contra otras. En 1996, Pokémon hizo su primer videojuego.

Al principio, los niños jugaban Pokémon en la Game Boy de Nintendo.

¿SABÍAS?

Pokémon es la abreviatura de POcKEt MONsters (monstruos de bolsillo).

Hoy los jugadores pueden atrapar y entrenar a los Pokémon en un teléfono inteligente.

¿El videojuego estaba basado en las cartas?

No. Las cartas salieron después del videojuego. Se volvieron muy populares. La gente las coleccionaba y las intercambiaba. Después siguieron caricaturas, películas y videojuegos nuevos. Actualmente, Pokémon es una de las principales **marcas** de juegos en el mundo. Se han impreso más de 30 mil millones de cartas de Pokémon.

¿SABÍAS?

Algunas cartas Pokémon viejas valen mucho dinero. ¡En 2022, una carta rara de Pikachu de 1998 se vendió en $900.000!

¿Cómo se juega?

Los entrenadores eligen a sus seis mejores combatientes para pelear.

Puedes jugar con las cartas o los videojuegos. La meta es la misma. Estás en una **aventura** para convertirte en el mejor entrenador de Pokémon. A veces, viajas a **gimnasios** y te enfrentas a otros entrenadores. Tu **rival** elige a un Pokémon de su mazo de cartas. Necesitas vencerlo. ¿A quién debes elegir? Para ganar, necesitas conocer a los Pokémon de tu colección.

Nombre
Etapa de evolución
Nivel
Puntos de vida
Tipo de Pokémon
Luxray LV.53
HP 120
STAGE 2 Evolves from Luxio
NO. 405 Gleam Eyes Pokémon HT: 4'07" WT: 92.6 lbs.
Datos del Pokémon
mbre del ovimiento
Flash 30
If the Defending Pokémon tries to attack during your opponent's next turn, your opponent flips a coin. If tails, that attack does nothing.
Daño del ataque
Gadget Bolt 60
If Luxray has a Pokémon Tool card attached to it, you may do 100 damage instead of 60 to the Defending Pokémon. If you do, discard that Pokémon Tool card.
Descripción del ataque
It can see clearly through walls to track down its prey and seek its lost young.
Información del personaje
Illus. kawayoo
Ilustrador
weakness +30
resistance -20
retreat cost
©2009 Pokémon/Nintendo
5/99 ★
Serie
Debilidad
Resistencia
Número de carta
Símbolo de rareza

¿Por qué los jugadores ponen a combatir a sus Pokémon?

¡Principalmente por diversión! Los entrenadores combaten en **competencias** amistosas. También puedes ganarte una medalla si vences al líder del gimnasio. ¡Colecciona todas las medallas y serás un campeón Pokémon!

Los jugadores también pelean contra los Pokémon salvajes para capturarlos. En Pokémon Go, los jugadores atrapan a los Pokémon que aparecen en el mundo real.

Para jugar Pokémon Go tienes que salir y caminar por los alrededores.

PIKACHU

CHARIZARD

ONIX

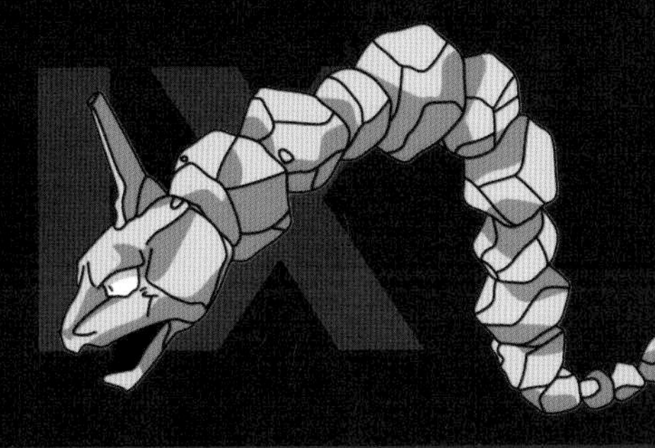

MEWTWO

EEVEE

Las cartas de energía hacen más fuerte al Pokémon, pero el tipo debe coincidir.

¿Qué es un tipo de Pokémon?

¿SABÍAS?
Hay 18 tipos. ¡Un maestro Pokémon los conoce a todos!

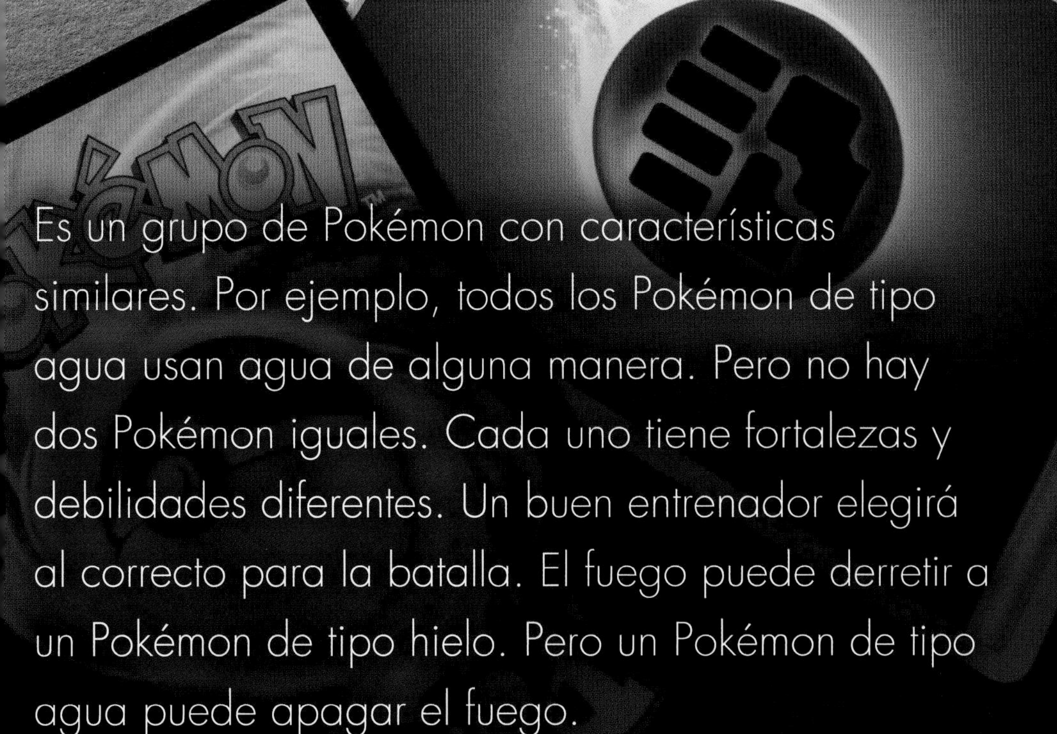

Es un grupo de Pokémon con características similares. Por ejemplo, todos los Pokémon de tipo agua usan agua de alguna manera. Pero no hay dos Pokémon iguales. Cada uno tiene fortalezas y debilidades diferentes. Un buen entrenador elegirá al correcto para la batalla. El fuego puede derretir a un Pokémon de tipo hielo. Pero un Pokémon de tipo agua puede apagar el fuego.

¿Cómo avanzan de nivel los Pokémon?

En estas imágenes se muestran las diferentes formas de Charmander.

A través de entrenamiento y batallas. Los Pokémon usualmente **evolucionar** después de alcanzar un cierto nivel. También hay piedras especiales que pueden cambiarlos. A veces, solo se necesita ser su amigo. La evolución hace más fuertes a los Pokémon. Les da mejores movimientos.

¿SABÍAS?

Slowbro es el único Pokémon que puede involucionar. Un Slowpoke se convierte en un Slowbro cuando un Shellder se sujeta a su cola. Cuando el Shellder lo suelta, vuelve a ser un Slowpoke.

Gigantamax Charizard

¿Se puede matar a un Pokémon?

En el juego de cartas no. Los Pokémon nunca mueren en las batallas de entrenadores. Cuando pierden, se desmayan y regresan a su Pokébola. Descansan y sanan antes de volver a combatir. Pero los Pokémon pueden morir de otras maneras. Esto sucede en el **animé** e incluso en algunos videojuegos.

¿SABÍAS?

Hasta ahora, Pokémon tiene 20 series de TV y 23 películas. Es el animé de mayor duración en la historia.

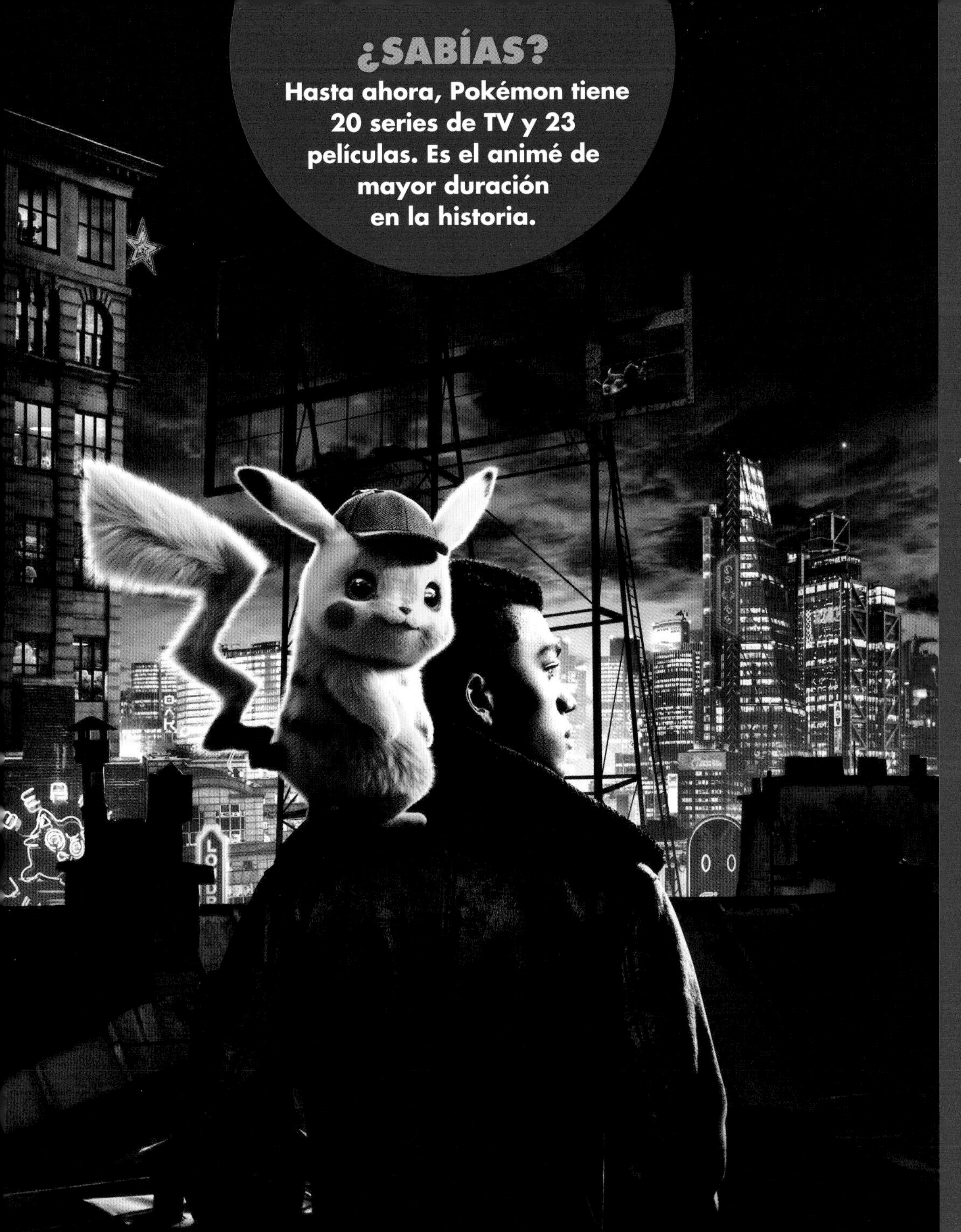

La película *Pokémon: Detective Pikachu* salió en 2019.

¿Cuántos Pokémon hay?

¡Muchos! Pokémon empezó con 151 personajes. Desde 1996, se han creado nueve **generaciones**. Cada una incluía una región nueva con nuevos personajes divertidos. ¡Actualmente, tu **Pokédex** podría contener más de 1.000 en total! ¿Tengo que atraparlos a todos? ¡Podría llevar mucho tiempo!

¿SABÍAS?
El primer juego Pokémon escondía un personaje secreto. Encuentra a Mew, y tendrás 151.

Regiones del mundo Pokémon	**KANTO**	**JOHTO**	**HOENN**	**SINNOH**
	Generación 1	Generación 2	Generación 3	Generación 4
	(151 personajes)	(100 personajes)	(135 personajes)	(107 personajes)
	1996–1999	1999–2001	2002–2005	2006–2010

UNOVA	**KALOS**	**ALOLA**	**GALAR**	**PALDEA**
Generación 5	**Generación 6**	**Generación 7**	**Generación 8**	**Generación 9**
(156 personajes) 2010–2012	(72 personajes) 2013–2014	(88 personajes) 2016–2018	(96 personajes) 2019–2022	(107 personajes hasta 2022)

¿Cuál es el Pokémon más poderoso?

La mayoría de los jugadores estan de acuerdo de que es Arceus (ARK-ee-us). Este **Pokémon legendario** tiene poderes especiales. Arceus puede convertirse en cualquiera de los tipos Pokémon. También puede revivir cosas y congelar el tiempo. En el juego, los Pokémon creen que este ser creó todo su mundo. En la vida real, Game Freak se lleva todo el crédito. De cualquier manera, ¡los Pokémon son lo máximo en el mundo de los videojuegos!

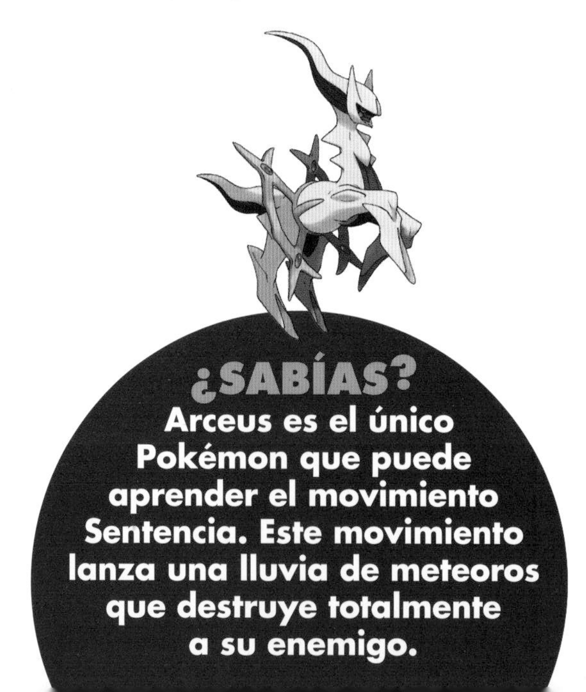

¿SABÍAS?

Arceus es el único Pokémon que puede aprender el movimiento Sentencia. Este movimiento lanza una lluvia de meteoros que destruye totalmente a su enemigo.

Gente joven y vieja se divierten jugando Pokémon.

HAZ MÁS PREGUNTAS

¿Qué Pokémon tiene más evoluciones?

¿Qué son las medallas de gimnasios?

Prueba con una PREGUNTA GRANDE: ¿Cuál es la mejor estrategia para convertirse en un maestro Pokémon?

BUSCA LAS RESPUESTAS

Busca en el catálogo de la biblioteca o en Internet.

Pueden ayudarte tus padres, un bibliotecario o un maestro.

Usar palabras clave

Busca la lupa.

Las palabras clave son las palabras más importantes de tu pregunta.

¿

Si quieres saber sobre:

- qué Pokémon tiene más evoluciones, escribe: MÁS EVOLUCIONES POKÉMON
- medallas de gimnasios, escribe: MEDALLAS DE GIMNASIOS POKÉMON

GLOSARIO

animé Un estilo japonés de caricatura.

aventura Una larga búsqueda para encontrar o hacer algo.

competencia Certamen donde dos o más personas tratan de ganar la misma cosa.

evolucionar En Pokémon, cuando un personaje nuevo se convierte en otro que tiene más poder y más movimientos.

generación Una serie nueva de personajes Pokémon que vive en cierta región.

gimnasio Un estadio en una región Pokémon donde los entrenadores combaten entre sí.

marca Un grupo de productos hechos por una misma compañía o que le pertenecen.

Pokémon legendario Un Pokémon raro y poderoso.

Pokédex Lista completa de todos los personajes Pokémon.

rival Jugador contra el que estás compitiendo.

ÍNDICE

Acerca de la autora

Rachel Grack es editora y escritora de libros para niños desde 1999. Vive en un pequeño rancho en el sur de Arizona. Ella disfruta ver cómo sus nietos juegan los juegos originales Pokémon Snap y Pokémon Stadium en su consola Nintendo 64.